AUTISMO

Coleção **SAÚDE DA MENTE**

COMO LIDAR COM O

AUTISMO

2ª edição

astral cultural

Editora Natália Ortega
Editora de arte Tâmizi Ribeiro
Produção editorial Ana Laura Padovan, Andressa Ciniciato e Brendha Rodrigues
Revisão João Rodrigues
Capa Agência MOV

Dados Internacionais de Catalogação na Publicação (CIP)
Angélica Ilacqua CRB-8/7057

C728 Como lidar com o autismo / Astral Cultural. – 2. ed. - Bauru, SP : Astral Cultural, 2023.
128 p. (Coleção Saúde da Mente)

ISBN 978-65-5566-422-5

1. Autoajuda 2. Transtorno do espectro autista - Obras populares I. Série

23-5445 CDD 616.8982

Índices para catálogo sistemático:
1. Autoajuda

BAURU
Rua Joaquim Anacleto
Bueno, 1-42
Jardim Contorno
CEP: 17047-281
Telefone: (14) 3879-3877

SÃO PAULO
Rua Augusta, 101
Sala 1812, 18º andar
Consolação
CEP: 01305-000
Telefone: (11) 3048-2900

E-mail: contato@astralcultural.com.br

APRESENTAÇÃO

Quando o tema autismo surge em conversas informais, muitas pessoas ainda têm na mente a imagem de crianças com as mãos tapando os ouvidos e se balançando. O próprio termo "autista" ainda é banalizado em muitos contextos ao ser empregado de forma pejorativa ou para se referir a alguém antissocial, alienado e quieto.

No entanto, vale ressaltar: não se trata de um adjetivo e, definitivamente, não deve ser usado como ofensa. Além disso, muitos estereótipos (como o descrito anteriormente) são disseminados e acabam desconsiderando as singularidades dos indivíduos. Assim como qualquer pessoa é diferente da outra em termos físicos, de opiniões, de maneiras de agir e crescer, não é diferente com o autismo — cada caso é único.

Nos últimos anos, com o avanço da ciência e das pesquisas a respeito do tema, novas hipóteses e descobertas permitiram que diversas áreas do saber aprendessem mais sobre o quadro. Apesar de as causas para tal condição ainda não serem determinadas — existe uma gama de teorias envolvendo fatores diversos —, muitos aspectos já foram esclarecidos, por exemplo, os sintomas e comportamentos típicos, pontos essenciais para um diagnóstico precoce.

SUMÁRIO

1

INTRODUÇÃO

Crianças isoladas que evitam contato visual e pouco ou quase nada falam. Essas são algumas das manifestações do autismo, um distúrbio que ainda é um enigma para a ciência, mas que afeta mais de 70 milhões de pessoas pelo mundo, segundo a Organização das Nações Unidas (ONU).

Em 1906, o psiquiatra suíço Ploullerutilizou o termo autismo pela primeira vez ao descrever o isolamento frequente em alguns de seus pacientes. Mas foi só na década de 1940 que o transtorno recebeu maior atenção, quando o psiquiatra austríaco Leo Kanner, vivendo nos Estados Unidos, teve contato com Donald T., um garoto com um problema que seria batizado, posteriormente, como autismo.

A partir de então, artigos científicos e pesquisas sobre o tema só aumentaram. Popularmente conhecido como autismo, o transtorno possui uma história marcada por alterações na nomenclatura e nos critérios utilizados para o diagnóstico. Atualmente, suas características constam na edição mais atualizada do Manual Diagnóstico e Estatístico de Transtornos Mentais (DSM-5) como parte do Transtorno do Espectro Autista (TEA). O DSM-5 é como um guia global para orientar profissionais de saúde do mundo inteiro.

Não é doença

O TEA é classificado como um transtorno ou distúrbio do neurodesenvolvimento. Não se trata de uma doença nem de uma síndrome, já que não é conhecido seu gene causador. Especificamente no caso do autismo, tampouco há identificado um gene comum em vários pacientes, embora os comportamentos e déficits sejam descritos de forma semelhante.

Apesar dos avanços da ciência, as causas concretas do Transtorno do Espectro Autista ainda são desconhecidas pela ciência. Como não se sabe ao certo a origem, não há cura ainda para o autismo. Contudo, os estudos sobre terapias e tratamentos específicos para o transtorno, visando à qualidade de vida, vêm trazendo descobertas animadoras. Especialistas e profissionais de saúde podem desenvolver protocolos de tratamento, que são individualizados de acordo com o sintoma do paciente. Dessa forma, esforços de tempo e uso de recursos financeiros podem visar a uma melhora em relação às manifestações do quadro.

Comportamentos típicos

O autista não apresenta nenhuma característica física que permita identificá-lo apenas pela aparência, como a síndrome de Down. São características do comportamento que entregam o quadro. O TEA pode se manifestar logo nos primeiros meses de vida de forma leve, moderada ou grave, mas não costuma ser identificado nesse período. Há algumas semelhanças entre os indivíduos com autismo, contudo elas podem mudar com o tempo, quando há o acompanhamento de profissionais habilitados que estimulam as áreas afetadas pelo transtorno.

Alguns dos principais sintomas são:

· Dificuldades persistentes em se comunicar e em interagir socialmente. Ou seja, a criança pode ter atraso para adquirir a fala ou não conseguir falar. Da mesma forma, pode haver dificuldade de se comunicar mesmo por gestos ou entender o que está acontecendo em um contexto social específico. Um exemplo é a dificuldade em reconhecer expressões das faces em manifestações de emoções, como alegria ou tristeza.

· Dificuldade em manter amizades;

· Movimentos estereotipados, isto é, padrões restritos e repetitivos de interesses e de atividades.

Alguns exemplos são passar horas realizando uma única atividade, usar sempre as mesmas roupas, comer apenas um tipo de alimento, fazer movimentos recorrentes, como abanar as mãos, ou repetir várias vezes a mesma palavra ou um mesmo som;

· Necessidade de se manter em uma rotina específica. Ou seja, para pessoa com autismo, mudanças no dia a dia podem incomodar demais.

É necessário fazer um esclarecimento, pois é comum ouvir que "o autista vive em um mundo à parte". Essa afirmação, além de bastante excludente, é equivocada. É verdade que, devido às alterações neurológicas típicas do transtorno, o autista pode apresentar alterações sensoriais e na captação de estímulos no ambiente em que está. Porém, isso não significa que ele não tenha conexões com a realidade.

Possíveis causas

Mesmo com tantos estudos e pesquisas avançadas ao longo de décadas, as causas do Transtorno do Espectro do Autismo ainda são incertas para a ciência. Especulações a respeito de suas origens passam por desde maus hábitos durante a gestação, como uso de remédios antidepressivos, álcool e outras drogas, até riscos causados por fatores ambientais, como a poluição.

Porém, o que mais desperta a atenção dos pesquisadores e especialistas atualmente é a importância da genética na luta para desvendar o que realmente influencia no aparecimento do autismo.

Desde o útero

Os cuidados extras durante a gravidez são um conselho que não precisa vir de um médico para ser acatado, ainda mais com fatores de risco para o desenvolvimento do autismo na criança. Elementos como a má nutrição e lesões no sistema nervoso devido ao consumo de álcool, tabaco e droga ilícitas, como cocaína e crack, durante a gestação podem influenciar no aparecimento do TEA.

Porém, esses hábitos no período da gravidez não são uma causa direta para o autismo, mas, sim, gatilhos, ou seja, agentes influenciadores em quem já é predisposto ao desenvolvimento do transtorno. Além do mais, como isso acontece ainda é uma incógnita para a ciência e continua sendo objeto de estudo.

Além de hábitos não saudáveis durante o período de gestação, fatores virais e infecciosos podem ser sinais de preocupação para o desenvolvimento do autismo em seus filhos. As infecções durante a gravidez podem não só causar o TEA, como muitos outros — por exemplo, o citomegalovírus, que causa a microcefalia, com ou sem os sinais do TEA, a toxoplasmose e a rubéola.

Também foi encontrado um potencial gatilho para o desenvolvimento do autismo em um trabalho publicado em 2013, conduzido por pesquisadores da Universidade do Sul de Santa Catarina (Unisul). Na pesquisa, era aplicado ácido valpróico, substância utilizada em remédios anticonvulsionantes, em camundongos fêmeas gestantes na décima semana de gestação. Como consequência, os filhotes nasceram com sinais de TEA. Camundongos são altamente sociais e procuram a companhia de outros de sua espécie, só que estes começaram a se isolar. Isso indica que o ácido pode ser um causador do transtorno quando ingerido a substância na gestação.

Outras causas

Uma teoria acerca da causa do autismo se encontra nos fatores ambientais, como a poluição. Um estudo de 2014 da Escola de Saúde Pública de Harvard, nos Estados Unidos, concluiu que pessoas que moravam perto de uma fábrica tinham mais chances de gerar crianças que nasciam dentro do espectro autista. Contudo, até hoje não houve uma explicação para o fato descoberto. Mais uma vez, não se trata de apontar um único culpado como motivo do transtorno, mas, sim, um gatilho para pessoas que apresentem uma predisposição ao TEA.

Um rumor sobre uma possível causa do autismo começou em 1998, com a publicação de um artigo do pesquisador britânico Andrew Wakefield. Em sua investigação, Wakefield concluía que a vacina tríplice viral — SCR, aplicada para imunizar contra o sarampo, a caxumba e a rubéola — seria uma causadora do TEA em crianças que a tomavam. Em abril de 2015, foi publicado um estudo realizado por pesquisadores nos Estados Unidos, comprovando cientificamente que a teoria de Wakefield estava incorreta. Os cientistas analisaram mais de 95 mil crianças que tomaram a vacina tríplice — SCR e concluíram que ela não influencia no risco de desenvolvimento do TEA.

Tendo em vista tantas possibilidades, ainda não há consenso sobre quais são as causas do TEA, e é possível que haja múltiplas. Atualmente, a neurociência tenta enxergar mais a fundo o autista, olhando para o cérebro e, principalmente, como as alterações nesse órgão e em seu funcionamento se relacionam aos seus comportamentos diferenciados proporcionados pelo transtorno.

A teoria dos espelhos quebrados

Em 1990, um grupo de neurocientistas liderado pelo italiano Giacomo Rizzolatti colocou eletrodos em cérebros de macacos. O objetivo da pesquisa era descobrir quais neurônios estavam ativos durante seus movimentos, como ao pegar uma noz. Identificadas as células, um dos estudiosos esticou o braço para pegar a noz, e surpresa: os neurônios do macaco também se ativaram. Esse acontecimento marcou a descoberta dos neurônios-espelho, capazes de imitar uma ação ao verem alguém executando o mesmo movimento — e que, posteriormente, foi descoberto que também se aplica a emoções. Você chora ao assistir a uma série bem dramática? Fica feliz quando algum amigo está extremamente contente por conquistar algo? Tudo isso está ligado à propriedade espelho do cérebro.

Eis que, em 2005, outro experimento, dessa vez capitaneado pelo médico indiano Vilayanur Ramachandran, surpreendeu ao sinalizar a possibilidade de associar essas células ao autismo. Por meio de uma técnica específica, ocorre uma certa alteração da atividade elétrica do cérebro, tanto quando alguém movimenta a própria mão quanto na hora que a pessoa vê outra se movimentando. Os resultados dessa pesquisa mostraram que crianças autistas evocavam tal atividade quando moviam a mão, mas não ao verem outra pessoa se movimentando. Tal observação acabou levando a reflexões sobre a chance de essas alterações na atividade-espelho influenciarem no comprometimento da interação social de quem possui TEA, e ainda na sua inabilidade de sentir o que o outro sente ou de se colocar no lugar de outras pessoas.

Porém, é preciso ter muitas ressalvas ao tratar essa questão, pois é improvável que todo o espectro autista seja explicado com a hipótese dos espelhos quebrados. Mesmo assim, contribui muito para a compreensão do que se passa na mente de um autista.

Atualmente, a maior aposta das pesquisas se encontra na genética, cuja explicação consiste na ocorrência de mutações em genes relacionados ao neurodesenvolvimento do córtex cerebral humano no período gestacional. Nessa linha de pesquisas, considera-se que diversos genes estariam envolvidos. É por isso que, se houvesse uma explicação com base em apenas um gene, já seria possível tratar o transtorno de uma forma mais eficaz.

Mundo azul

De acordo com um artigo publicado na revista científica britânica *Nature*, para cada quatro crianças autistas do sexo masculino existe uma menina com o transtorno. Pelo fato de o TEA ser manifestado de forma mais comum em pessoas do sexo masculino, a cor azul foi escolhida para simbolizar o autismo.

Comportamentos comuns

Os sintomas do Transtorno do Espectro Autista se manifestam nos primeiros meses de vida, porém podem ser sinais um tanto sutis, inclusive para pais e responsáveis identificarem. O transtorno apresenta três grupos de manifestações principais, englobando dificuldades em interação social, na comunicação e nos comportamentos e interesses repetitivos e estereotipados. Essas alterações variam de acordo com cada caso e aparecem geralmente antes dos três anos de idade.

O TEA não causa alterações físicas na formação do cérebro, no entanto o autismo é um distúrbio do neurodesenvolvimento. Ou seja, no desenvolver do sistema nervoso do indivíduo, algo aconteceu para que o processo acontecesse de forma incomum. Essa alteração reflete no comportamento dos autistas, gerando condutas específicas e estereotipadas, ou seja, padronizadas. Quanto maior o nível de comprometimento, maior a dificuldade apresentada.

Estereotipias

A definição de estereótipo é uma ideia padronizada coletivamente por um grupo sobre determinado tema. No caso do autismo, estereotipias são comportamentos automatizados e sem sentido funcional característicos em pessoas com TEA e apresentados em ambientes distintos. Um autista pode apresentar diversas estereotipias, isto é, comportamentos típicos de pessoas com TEA, que também podem variar entre os indivíduos. No entanto, as mais conhecidas são:

· Movimento pendular do corpo para frente e para trás;

· *Flapping*, palavra em inglês para se referir ao chacoalhar de mãos e braços ao lado do corpo, como se os braços fossem asas. É mais comum em crianças e, geralmente, quando estão felizes, ansiosas ou irritadas;

· Movimentos repetidos das mãos em frente aos olhos;

· Andar com a ponta dos pés;

· Batidas nas próprias orelhas;

· Olhar lateralizado;

· Ambulação de um lado para outro aparentemente sem sentido ou propósito;

· Ecolalia, repetição de sons, palavras ou frases emitidos por outras pessoas, aparelhos, etc. ou por si mesmo;

· Observar as próprias mãos;

· Observar um objeto fora de seu ângulo normal;

· Pulos e giros sem motivo aparente.

Outras características

Grande parte dos autistas apresenta, além das estereotipias, deficiência intelectual. Irritabilidade, comportamentos autolesivos, não desenvolvimento da fala ou dificuldade em se comunicar, além de outras alterações que também podem se manifestar.

Um dos principais temas sobre o comportamento dos autistas é a possível falta de empatia e envolvimento com outras pessoas, surgindo até o mito de que eles não sentiriam afeto. Na realidade, o que ocorre é uma falta de habilidade em demonstrar tal sentimento, já que a dificuldade em se relacionar é uma das características do transtorno.

A falta de contato visual também se destaca no comportamento, o que pode reforçar ainda mais a ideia de que os autistas seriam incapazes de se relacionar — o que não é verdade. Os cientistas ainda não sabem ao certo o que poderia provocar tal disfunção, mas acreditam que tenha ligação com a região cerebral do giro fusiforme, que está relacionada ao reconhecimento facial.

A questão do contato físico

No funcionamento do cérebro neurotípico (ou seja, com um funcionamento dentro do comum), há a organização das informações sensoriais de forma a produzir padrões estáveis de comportamento. Isso permite uma interação produtiva com o ambiente e a aprendizagem. O sistema tátil processa informações sobre aquilo que está em contato com a pele, como a temperatura e outras informações vitais para proteger as pessoas de perigos. Porém, pessoas com TEA apresentam déficits nesse processamento.

Segundo estudos, existiria uma alteração da conexão entre diversas áreas do cérebro, isto é, a falta de interação entre elas, o que resultaria na defasagem sensorial. Um experimento realizado na Universidade Federal de

São Carlos (UFSCar) observou crianças autistas caminhando sobre o solo quente e em pedras pontiagudas. Notou-se que elas não demonstravam reação aparente em nenhum dos casos analisados.

Outras pesquisas ainda identificaram uma área específica do cérebro responsável por modular a percepção e interpretação de movimentos biológicos (se interessar por alguém que se movimenta à sua frente, por exemplo) que não é ativada nos autistas. Por isso, eles podem se esquivar do contato físico por alterações sensoriais, e não por falta de afeto pelas pessoas e familiares.

Assim sendo, tanto pais quanto cuidadores não devem interpretar algumas reações dos autistas como ausência de amor.

Aversão a sons altos

A hipersensibilidade aos sons ao redor também é um comportamento que pode se manifestar em casos do espectro (apesar de esse fator não ser exclusivo em indivíduos com TEA). Apesar de os especialistas desconhecerem as causas dessa característica, sabe-se que ela pode aparecer de três formas:

· Hiperacusia: sensibilidade anormal a sons de baixa ou moderada intensidade e geralmente relacionada a alterações no processamento central dos sons, o que causa desconforto;

· Fonofobia: desconforto causado por alguns sons específicos e relacionados com seu significado. Neste caso, a sensibilidade se dá pela lembrança emocional do som, e não pela intensidade do ruído. Relaciona-se por meio de conexões entre o sistema límbico e o sistema auditivo central;

· Recrutamento: perda auditiva sensorioneural periférica, que ocorre por uma redução nos elementos sensoriais do ouvido.

Superinteligentes?

Em alguns casos, mesmo com a deficiência do intelecto, a pessoa com TEA desenvolve uma grande habilidade intelectual específica, como saber exatamente qual dia da semana cai em qualquer dia do ano. Também é possível notar autistas com alto funcionamento intelectual, até com QI acima da média, como é o caso de vários cientistas. É fato que existe uma grande prevalência de TEA nos tais "gênios de comportamentos atípicos". Geralmente, são pessoas que não entendem piadas, metáforas e ironias, sendo bastante literais e rígidas com rotina.

Nesse quesito, o interesse restrito acaba favorecendo o desenvolvimento dos autistas, já que, em alguns casos, pode ser algo usado de forma positiva. Essa pessoa, apesar de ter dificuldades em comunicações e interações sociais, ao mesmo tempo que apresenta grande interesse em alguma área restrita, pode se tornar um profissional de destaque na área, especialmente porque tem um foco aumentado no assunto. Há casos em que essas pessoas têm até uma memória acima do normal. Por outro lado, as limitações de interação social trazem prejuízos na qualidade de vida, tornando indispensáveis as intervenções terapêuticas.

2

COMO CONSEGUIR DIAGNÓSTICO

São nos primeiros três anos de vida de uma criança, período chamado de primeira infância, que acontecem os principais desenvolvimentos no cérebro e no sistema nervoso central. É também nessa fase que os primeiros sinais do Transtorno do Espectro Autista (TEA) são percebidos.

As características presentes nas crianças com autismo são, basicamente, as mesmas que em outros autistas, como falta de contato visual, dificuldade em se expressar afetivamente e atrasos nos aspectos cognitivo e psicomotor. Da mesma forma, é comum apresentarem desvios no desenvolvimento das habilidades sociais e comunicativas. No entanto, por estarem em uma fase de grande desenvolvimento, essas alterações são mais facilmente percebidas.

Auxílio profissional

As primeiras percepções dos pais são fundamentais para o início do diagnóstico do autismo. Porém, é fundamental procurar ajuda de especialistas para confirmar o quadro.

De forma geral, os profissionais envolvidos no diagnóstico são neurologistas, psiquiatras, psicólogos, pediatras e pedagogos. No entanto, fonoaudiólogos, neuropsiquiatras e terapeutas ocupacionais também podem fazer parte do quadro avaliativo.

A medicina é fundamental no diagnóstico do autismo, contudo a psicologia também possui um papel importante. Por meio de conversas com os pais, observação da criança e a aplicação de alguns testes, é possível colaborar para uma análise completa e mais precisa.

Além disso, a participação do profissional deve continuar durante as terapias para a melhora da qualidade de vida. Uma vez diagnosticado o autismo, o psicólogo ajuda na orientação dos familiares e no trabalho com o paciente de acordo com o nível de comprometimento.

Desde cedo

Em todo tratamento, quanto antes iniciados os cuidados, melhores são os resultados. Com o autismo não é diferente. Um diagnóstico precoce pode ajudar o desenvolvimento desse paciente, principalmente em demandas mais específicas para ele.

Além disso, o conhecimento prévio do quadro auxilia pais e responsáveis a entender e encarar melhor o diagnóstico. Assim, a análise antecipada evita o sofrimento do autista e dos familiares, que geralmente não sabem como agir ao perceberem algo diferente, mas desconhecerem o motivo.

Dificuldades

Atualmente, o diagnóstico precoce é cada vez mais comum. Porém, algumas dificuldades ainda atrapalham esse processo, como a falta de informação sobre o TEA por parte de alguns profissionais que atuam com crianças pequenas, como pediatras, enfermeiros e professores da educação infantil. Outro empecilho é a escassez de instrumentos psicológicos e médicos padronizados para uso no Brasil, já que existe uma dificuldade significativa em realizar uma avaliação quantitativa sobre o autismo. Afinal, para um diagnóstico preciso, é necessário um olhar cuidadoso por parte dos responsáveis e profissionais, um conhecimento profundo sobre o desenvolvimento infantil e suas fases temporais de amadurecimento, além do respeito e da ética à pessoa que está sendo avaliada.

Ainda é preciso levar em conta que, geralmente, nos primeiros meses de vida, a criança não apresenta nenhuma anormalidade. Por isso, somente um profissional capacitado e atento às características do transtorno pode levantar a hipótese de autismo, fazendo o encaminhamento adequado para avaliação.

Escalas para avaliação

Existem algumas escalas aplicadas pelos profissionais que possibilitam a classificação do grau do TEA. Por meio das descrições dos pais e cuidadores sobre o desenvolvimento e comportamento do autista e pela observação clínica, é possível ter um diagnóstico mais preciso. É importante destacar que, apesar de os testes serem úteis, são apenas técnicas complementares. Assim, precisam estar relacionados a outros métodos de diagnóstico. Confira alguns modelos:

ABC (*Autism Behavior Checklist*, ou Lista de checagem de comportamento autístico):

Também é conhecida como Inventário de Comportamentos Autísticos (ICA). Trata-se de um questionário amplo organizado em cinco áreas: sensorial, relacionamentos, uso de corpo e objetos, linguagem e habilidade sociais e autocuidado.

ADI-R (*Autism Diagnostic Interview-Revised*, ou Entrevista diagnóstica para autismo – revisada):

São cinco seções com perguntas sobre comunicação, desenvolvimento social, o ato de brincar e comportamentos repetitivos, levando em conta a fase atual e atitudes do passado das crianças.

ADOS-G (*Autism Diagnostic Observation Schedule-Generic*, ou Protocolo de Observação Diagnóstica do Autismo – Versão Genérica):

É dividido em quatro sessões de cerca de 30 minutos. O especialista deve propor situações de interação social, em que surjam comportamentos espontâneos, para que as prováveis respostas sejam enquadradas nos critérios de avaliação.

ASQ (*Autism Screening Questionnaire*, ou Questionário de rastreio do autismo):

Consiste em 40 questões retiradas da ADI-R, modificadas com o propósito de se tornarem mais acessíveis. Possui uma versão para crianças menores de seis anos e outra para as acima dessa idade. As perguntas são relativas à reciprocidade na interação social, à comunicação e também aos padrões de comportamento, como estereotipias.

M-CHAT (*Modified–Checklist for Autism in Toddlers* ou, Lista de Verificação para o Autismo em Crianças – Modificada):

Consiste em 23 questões com alternativas "sim/não" que devem ser preenchidas pelos responsáveis de crianças entre 18 e 24 meses de idade. Pode ser aplicado sem o auxílio de médicos, e é encontrado em sites especializados em autismo.

PEP-R (Perfil Psicoeducacional – Revisado)

É composto de duas escalas: uma responsável por avaliar o desenvolvimento e outra baseada em critérios de diagnóstico. Tem a função de identificar padrões de aprendizagem irregulares e de comportamentos peculiares em crianças de 1 a 12 anos.

Em busca de apoio

Muitos estereótipos e preconceitos ainda são comuns na sociedade e, geralmente, a situação é causada pela falta de conhecimento das pessoas. Para combatê-los, órgãos e instituições oferecem auxílio para os indivíduos com a condição e para seus familiares. Conheça alguns desses espaços de divulgação de informações e campanhas de conscientização espalhados pelo Brasil:

Associação de Amigos do Autista (AMA)

Oferece apoio às pessoas com o quadro, com espaços para lazer e educação, favorecendo o desenvolvimento e a independência. No portal digital, é possível encontrar endereços, contatos e informações sobre o transtorno.

www.ama.org.br

Apae Brasil

A Federação Nacional das Apaes desenvolve trabalhos que englobam as áreas da saúde, educação e capacitação, assistência social, autogestão, proteção e garantia dos direitos dos indivíduos com deficiência, incluindo o TEA, com mais de dois mil locais pelo país.

www.apaebrasil.org.br

3

NÍVEIS DE INTENSIDADE

Espectro, no sentido científico, significa a representação de amplitudes ou intensidades. Assim, o Transtorno do Espectro Autista (TEA) apresenta uma ampla complexidade em diversos graus de manifestação. Assim, desde quando foi catalogado, na década de 1940, houve algumas mudanças na classificação do autismo.

Três graus

O TEA pode se manifestar em diferentes níveis, indo de graus leves, com pouco comprometimento de interação social, até mais graves, com comportamentos compulsivos. Saber o grau de manifestação é importante para o tratamento.

A edição mais recente do Manual Diagnóstico e Estatístico de Transtornos Mentais (DSM-5) indica três níveis de gravidade dentro do espectro autista, dos quais serão avaliados os prejuízos na comunicação social e os padrões de comportamento restrito e repetitivo. A seguir, listamos as principais características de cada grupo:

1. Grave / Exigindo apoio muito substancial

Comunicação:

· Prejuízos intensos na capacidade de comunicação social-verbal e não verbal;

· Dificuldades severas em dar início às interações sociais;

· Pouca resposta quando as pessoas dão abertura para iniciar uma comunicação.

Comportamento:

· Inflexibilidade na forma de agir;

· Dificuldade severa para lidar com mudanças e ações restritas e repetitivas;

· Sofrimento para mudar o foco ou ações.

2. Moderado / Exigindo apoio substancial

Comunicação:

· Sérias dificuldades nas habilidades de comunicação social-verbal e não verbal;

· Prejuízos sociais notáveis mesmo com auxílio;

· Limitação ao iniciar interações sociais;

· Resposta anormal a aberturas sociais de outras pessoas.

Comportamento:

· Inflexibilidade na forma de agir;

· Relutância em lidar com mudanças e ações restritas e repetitivas frequentes, sendo notadas por observadores e interferindo em outros contextos;

· Sofrimento para mudar o foco ou ações.

3. Leve / Exigindo apoio

Comunicação:

· Quando não tem apoio, apresenta dificuldade na comunicação social, com danos perceptíveis;

· Complicações para iniciar interações sociais, respostas incomuns ou inexistentes à abertura das pessoas;

· Pouco interesse em interações sociais.

Comportamento:

· Inflexibilidade de comportamento, interferindo no funcionamento de um ou mais contextos;

· Dificuldade em trocar de atividade;

· Problemas de organização e planejamento que interferem na conquista da independência.

Asperger

Batizada em homenagem a Hans Asperger, pioneiro em estudar crianças que apresentavam características do transtorno, a síndrome foi muito discutida na década de 1980. Era descrita separadamente do Transtorno Autista, mas, com a atualização do DSM-5, está inclusa no espectro autista, sendo caracterizada como um grau de autismo de alto funcionamento ou leve.

Geralmente, como o funcionamento cerebral é pouco afetado, a comunicação e a memória são muito boas. Por exemplo, os *aspies* (como esses indivíduos são chamados) são capazes de assistir a um filme e verbalizar várias frases dele. Por terem memória visual bem desenvolvida, conseguem ler um livro e contar o que há em determinada página.

Pessoas com Asperger tendem a apresentar interesses restritos e específicos em relação a um único assunto (por exemplo, as moedas e notas que já circularam em um país), além de grande rigidez com rotinas e alimentação.

Aspies são, de certa forma, mais aceitos socialmente do que pessoas com graus de autismo mais elevados, já que não apresentam comportamentos extremos, como hipersensibilidade e ecolalia (repetição de palavras e sons). Mesmo assim, trata-se de pessoas mais isoladas, que não gostam de contato físico e têm dificuldade em se fazer entender por conta de seu vocabulário rebuscado.

Também não conseguem perceber sutilezas da linguagem, levando tudo ao pé da letra. Têm dificuldade, por exemplo, em entender piadas, malícia e ironias. Isso pode torná-las vítimas de bullying. Mesmo assim, são pessoas capazes de serem empregadas no mercado de trabalho, destacando-se em áreas acadêmicas e que envolvem tecnologia.

Quadros associados

A palavra pode causar certa estranheza, mas comorbidade nada mais é do que o aparecimento de outras condições clínicas associadas ao TEA. Uma pesquisa do Hospital Infantil de Miami, nos Estados Unidos, analisou cérebros doados de autistas que já haviam morrido. Após estudá-los, os pesquisadores notaram que a epilepsia acontece em até 30% das crianças com autismo e que uma em cada 20 crianças que receberam o mesmo diagnóstico até os três anos podem ter o transtorno ou desenvolvê-lo depois.

Em indivíduos com o distúrbio, a comorbidade é relativamente comum e dificulta o diagnóstico de quadros como epilepsia, Transtorno do Déficit de Atenção com Hiperatividade (TDAH), Transtorno obsessivo-compulsivo (TOC), ansiedade, deficiência intelectual, entre outros.

É preciso que os profissionais envolvidos no diagnóstico e os responsáveis pelos pacientes levem em consideração a possibilidade da presença de outros distúrbios antes do diagnóstico de TEA e junto com o transtorno.

Influências

Pesquisas comprovaram que as chances do surgimento de algumas comorbidades se elevam em decorrência de determinadas alterações genéticas. Por exemplo, modificações que atingem a região cromossômica 15q11-q13 e a remoção da região 22q13. Envolvendo determinado gene, aumentam o risco de o indivíduo apresentar crises compulsivas, bem como as chances de 75% dos indivíduos terem hipotonia, condição que afeta o tônus muscular.

Outro caso comum é quando o gene 15q11.2 é removido, condição identificada em pacientes com epilepsia e TEA isolados. Esses dados indicam a influência dos elementos genéticos, e a possibilidade de essas manifestações ocorreram sozinhas ou em conjunto é variável.

Processo de identificação

O diagnóstico de cada condição envolve o trabalho de uma equipe de pediatras, neuropediatras, psiquiatras infantis e terapeutas, como psicólogos, terapeutas ocupacionais, fonoaudiólogos e fisioterapeutas. Essa equipe multidisciplinar deve avaliar o quadro do paciente como um todo.

A identificação, porém, apresenta algumas dificuldades. Uma delas é o déficit de comunicação, fazendo com que aumente a necessidade de uma entrevista clínica precisa.

Papel no desenvolvimento

A influência das comorbidades no indivíduo com TEA depende de muitos fatores e é diferente em cada caso. Crises convulsivas, por exemplo, podem causar regressão ou pausa no desenvolvimento, gerando complicações para a coordenação motora e a comunicação verbal.

Há relatos ainda de indivíduos com TEA e epilepsia. Esses casos são mais graves e há uma grande influência no desenvolvimento intelectual, quando comparados com indivíduos que possuem apenas o transtorno.

Tratamentos

Com o tratamento adequado, a reincidência da manifestação de comorbidades é baixa. Vale ressaltar que cada intervenção é realizada de forma diferenciada, e o prognóstico está submetido à forma que a pessoa reage às terapias.

Em casos de distúrbios gastrointestinais, como refluxo, diarreia e constipação, normalmente não há a necessidade do uso de medicamentos por tempo prolongado. As epilepsias são tratadas com remédios pelo tempo que for necessário para manter as crises controladas.

Frequência

Uma grande porcentagem de indivíduos com o TEA apresenta comorbidades, as quais vão desde distúrbios psiquiátricos e neurológicos até gastrointestinais. É importante salientar, porém, que há ainda a possibilidade de o paciente não apresentar nenhum transtorno associado. Os mais comuns são:

· Distúrbios do sono: entre 50% e 80% de chances;

· Problemas motores: 70% de chances;

· Deficiência intelectual: 45% de chances;

· Epilepsia: 30% de chances;

· Transtorno do Déficit de Atenção com Hiperatividade (TDAH): entre 28% e 44% de chances;

· Distúrbios gastrointestinais: 10% de chances.

Transtorno de Processamento Sensorial (TPS)

Um dos aspectos que caracterizam o TEA é a sensibilidade especial a texturas, cheiros, sons e demais estímulos percebidos pelos sentidos. Isso ocorre porque uma boa parcela dos autistas pode manifestar o Transtorno de Processamento Sensorial (TPS). As consequências dessa condição são a hipersensibilidade ou a hipossensibilidade ao ambiente.

A hipersensibilidade pode levar a incômodos por aromas marcantes, ruídos de alta intensidade ou contato com superfícies específicas. Já a hipossensibilidade se apresenta pela escassez do sentido. Vale ressaltar que essas demonstrações podem levar a prejuízos na cognição, no comportamento e no campo emocional.

Com origem genética, esse distúrbio acontece porque os padrões de energia gerados pelo meio ambiente são assimilados, de forma mais ágil e acentuada pelo cérebro da pessoa sensível. Assim, ciente do diagnóstico, os estímulos proporcionados em casa e pelos terapeutas devem ser cuidadosos para não sobrecarregar o autista.

Hipo x hiper

Crianças autistas com TPS apresentam dificuldade em interpretar e organizar as informações sensoriais vindas de seu próprio corpo ou do ambiente. O pequeno pode, por exemplo, ignorar um barulho muito alto ou não responder ao seu nome (hiporresposta) ou ficar agitado e gritar ao escutar o barulho de liquidificador (hiperresposta). Pode, ainda, reagir emocional ou agressivamente ao toque (hiperresposta) ou apresentar necessidade incomum de tocar certos brinquedos, texturas ou pessoas (hiporresposta).

A criança autista com hiperresposta a estímulos sensoriais pode demonstrar alterações comportamentais como: agitação, choro imotivado, irritabilidade, movimentos estereotipados excessivos ou agressividade. Já a criança que apresenta hiporresposta demonstra comportamento de passividade, sem reação aos estímulos externos e pouca resposta a estímulos como toque, sons, cheiros, sabores e texturas.

O que indica a disfunção sensorial?

· Escolher sempre os mesmos brinquedos, em especial os que têm um papel bem definido;

· Desenhar sempre as mesmas figuras;

· Ser desajeitado e esbarrar em tudo;

· Ter dificuldade em pegar uma bola ao ser jogada, não antecipando o movimento;

· Preferir atividades que exigem pouco esforço;

· Ter dificuldades na alimentação e higiene;

· Dificuldade em julgar a força necessária para tocar uma pessoa ou um objeto;

· Sentir incômodo ao cortar unhas e cabelo;

· Incomodar-se com etiquetas nas roupas;

· Sentir desconforto com um simples carinho, reagindo agressivamente, parecendo ansioso ou tocando objetos e pessoas excessivamente;

· Não andar descalço ou adorar andar descalço, principalmente na areia ou grama;

· Evitar o toque e estar distante das pessoas ou, quando há o contato, não existir reação;

· Escolher alimentos com base na mesma textura ou consistência, ou comer alimentos com texturas variadas;

· Chorar ou sofrer ao escovar os dentes;

· Não ouvir ou só gostar de música alta.

4

O QUE EXISTE DE TRATAMENTO?

Tendo em vista que não se trata de uma doença, não existem medicamentos direcionados ao autismo, nem às suas implicações—que incluem, entre outros fatores, dificuldades na comunicação e interação social, além de padrões de comportamentos repetitivos e interesses restritos.

Logo, os remédios podem ser recomendados quando existem outros quadros (comorbidades) e sintomas associados ao distúrbio, como agitação excessiva, agressividade, controle de condutas obsessivas e alterações no sono.

Os medicamentos ministrados agem em circuitos cerebrais que estão relacionados a neurotransmissores, tais como serotonina, dopamina e ainda noradrenalina, responsáveis pela sensação de bem-estar do indivíduo. Assim, é possível facilitar o aprendizado e a aplicação de terapias pedagógicas voltadas à aquisição da linguagem ou então de comportamentos sociais.

Ansiedade e hiperatividade

Para os autistas diagnosticados com Transtorno do Déficit de Atenção com Hiperatividade (TDAH) ou que são ansiosos, agitados, com muitas manias e estereotipias, são recomendados remédios da linha psicológica e psiquiátrica.

Em casos nos quais condutas inadequadas, como irritabilidade e agressividade, se manifestam, é valido que os primeiros trabalhos sejam focados em estratégias e métodos que incentivem a mudança de comportamento, ressignifiquem determinada situação ou encontrem mecanismos que proporcionem o alívio do estresse — tudo isso sem o auxílio de fármacos.

Primeiro, os cuidadores precisam observar a manifestação da atitude imprópria: em que momento ela costuma surgir? Quais pessoas normalmente envolve? Qual o gatilho que costuma a desencadear? É uma circunstância que pode ser evitada ou então modificada para o bem? Caso existam as respostas para tais perguntas, e ações a serem adotadas a fim de prevenir o comportamento indevido, essa tentativa deve anteceder a intervenção medicamentosa.

Contudo, se o cenário for corriqueiro e demandar o aprendizado de uma habilidade para que o indivíduo com TEA lide com suas emoções e reações, o mais indicado é que sejam ensinados tais mecanismos antes de recorrer à possibilidade das drogas.

Se as técnicas alternativas não forem suficientes, apenas um especialista, que pode ser um neurologista ou ainda um psiquiatra, pode receitar um remédio adequado àquele quadro. A escolha de uma substância por conta própria, porque alguém recomendou ou por meio de pesquisas on-line, deve ser expressamente recusada.

Sistema Único de Saúde (SUS)

No início de 2015, o Sistema Único de Saúde passou a oferecer o medicamento risperidona para o tratamento de sintomas do autismo. O medicamento já era receitado por médicos de consultórios privados, mas não estava disponível na rede pública.

A risperidona tem efeito sobre a maior parte dos transtornos relacionados aos pensamentos e às emoções. Além disso, é utilizado para o tratamento de sintomas como agressividade e transtornos psicomotores. Embora seja indicado para crianças a partir de cinco anos, nem todos os autistas precisam tomá-lo, já que cada caso apresenta sintomas diferentes e intensidades variadas e requer uma avaliação médica própria. Assim, neurolépticos, anticonvulsivantes e antipsicóticos também podem ser prescritos dependendo dos sinais manifestados.

Além dos medicamentos, os demais tratamentos devem receber atenção especial. Por conta da quantidade de horas semanais dedicadas às sessões, a psicoterapia pode apresentar um alto custo, o qual representa uma barreira para famílias que não possuem condições financeiras para um tratamento particular. Além do psiquiatra, que analisa e recomenda o uso de fármacos, existem muitos especialistas envolvidos nas intervenções: analista do comportamento, fonoaudiólogo, terapeuta ocupacional, psicólogo, nutricionista, fisioterapeuta e outros profissionais podem ser necessários.

Assim, os pedidos aos planos de saúde e ao SUS são opções válidas e garantidas por lei. Caso o convênio médico apresente uma resposta negativa, é importante que o parecer seja realizado por escrito e que exista uma recomendação profissional. Dessa forma, os responsáveis são capazes de buscar seus direitos na justiça.

O pedido de tutela antecipada de urgência pode ser um meio válido para que a concessão não seja feita apenas ao final do processo. Com relação ao SUS, desde 2012, com a Lei nº 12.764, o indivíduo com o diagnóstico do espectro autista é considerado uma pessoa com deficiência. Essa inclusão é benéfica por garantir, aos olhos da lei, o tratamento multidisciplinar junto ao Estado.

A Rede de Cuidados à Pessoa com Deficiência, a Atenção Básica, os Centros Especializados em Reabilitação e Rede de Atenção Psicossocial (RAPS) são meios para o acesso aos especialistas e aos tratamentos necessários. Segundo o Ministério da Saúde, os profissionais vinculados ao SUS contam com materiais de apoio disponibilizados pelo próprio órgão. Caso não exista a assistência assegurada por lei, um mandado de segurança ou uma ação ordinária com tutela antecipada são formas de mudar esse cenário.

Terapias

Cuidar, incentivar, ensinar, apoiar e preparar para o mundo. A partir do nascimento de um bebê, os pais e responsáveis que acompanham o crescimento do indivíduo recebem um grande desafio, uma vez que possuem papéis primordiais em suas trajetórias. Todas as crianças precisam de atenção e estímulos. Afinal, cada ser humano é diferente do outro e, por isso, as necessidades particulares variam em cada fase, desde a primeira infância até a vida adulta.

No entanto, quando uma família recebe o diagnóstico do Transtorno do Espectro Autista, o desafio parece aumentar: incertezas, inseguranças e aflições são alguns dos sentimentos que tomam conta desse período. É claro que o momento de processar a informação e desenvolver a aceitação deve ser respeitado, mas é primordial ter em mente que, o quanto antes os pais se informarem e procurarem ajuda especializada, melhor será para a criança.

Sendo assim, se cada pessoa possui suas características e dificuldades, não é diferente com aquelas incluídas no espectro autista, pois o diagnóstico oferece possibilidades infindáveis: não há autistas iguais. As manifestações podem ser semelhantes, mas as crianças nunca são idênticas. Por isso, os tratamentos, a inclusão e a observação dos comportamentos são processos que devem ser realizados individualmente.

Primeiros passos

Diante dessa busca por uma cura ou um futuro livre de dificuldades, vale ressaltar que, por não se tratar de uma doença, não há uma solução única que supere a manifestação. Nesses casos, são os tratamentos graduais que garantem a qualidade de vida e evolução do autista.

Assim, para que as terapias e os tratamentos tenham início, pais e pessoas responsáveis devem ser incluídos no processo, informados sobre os métodos utilizados, além de estarem cientes das necessidades, limitações e capacidades das crianças — até mesmo a fim de que, em casa, os estímulos continuem. Sem essa comunicação entre cuidadores e especialistas (o que envolve a escola), não será possível acompanhar o desenvolvimento global da criança, seus potenciais e dificuldades em cada ambiente, e os estímulos exigidos em cada fase.

Terapia comportamental

Existem diversos profissionais e métodos terapêuticos indicados para os desafios que surgem a cada momento durante o crescimento, mas uma abordagem vem ganhando destaque com os anos de aplicação e pesquisas: a ABA. Trata-se de um dos poucos tratamentos com fundamentos científicos direcionados ao autismo, por isso é recomendado pela instituição britânica *National Autistic Society* (Sociedade Autista Nacional, em tradução livre) como forma de ajudar a melhorar a qualidade de vida dessas crianças.

A *Applied Behavioral Analysis* (ABA), ou, em português, Análise do Comportamento Aplicada, é baseada na Análise do Comportamento, uma vertente da psicologia. Um dos preceitos básicos dessa intervenção envolve a ideia de que existem diversos fatores capazes de gerar efeitos e despertar determinadas formas de agir das pessoas. Para a ABA, os hábitos são mantidos pela repetição, por isso são avaliados de acordo com elementos prévios para identificar as razões do surgimento e da manutenção.

Nos comportamentos considerados adequados, o reforço positivo é aplicado para aumentar a frequência ou ensinar uma nova conduta. Já os inapropriados são observados com atenção, a fim de compreender o que pode ser responsável por gerá-los e causar sua reprodução. Os fatores a serem levados em consideração são, por exemplo, a partir de que momento a criança passou a agir daquela maneira, em que ambiente e horário a ação é mais comum, qual a reação dos outros com relação àquele ato e o que acontece na situação posterior, ou seja, as consequências.

Com esse conhecimento, tem início o processo de modificação do comportamento. A inserção de uma nova atitude é reforçada pelas tentativas que se aproximam do objetivo. E, para que o paciente generalize o que foi aprendido, ou seja, reproduza em outros ambientes, pais, profissionais e escola recebem orientações do que é trabalhado em cada sessão.

Uma das metodologias mais conhecidas e empregadas na ABA é o ensino por tentativas discretas (em inglês, *Discrete Trial Teaching* – DTT). Nela, processos de aprendizado considerados difíceis e longos são divididos em pequenas etapas.

Assim, cada fase é ensinada separadamente por tentativas e vem acompanhada do reforço positivo, se for o caso.

Terapia cognitivo-comportamental (TCC)

Recomendada pela Organização Mundial da Saúde (OMS) como um dos métodos mais indicados para o tratamento psicológico do TEA, a terapia cognitivo-comportamental (TCC) é uma técnica popular. Por meio da observação dos sintomas do paciente, o terapeuta utiliza estratégias para que o sujeito resolva seus conflitos e ganhe maior autonomia para mudar os padrões negativos de atitude que está condicionado a adotar.

A base do trabalho está no estímulo cognitivo para que se alcancem mudanças comportamentais. Para cumprir sua missão, a TCC estipula uma relação mais próxima entre o indivíduo e o psicólogo por meio de diálogos objetivos. Em relação ao autismo, o contato mais humanizado pode ser capaz de evoluir algumas manifestações do quadro, como dificuldades com interações sociais.

A técnica utiliza algumas abordagens centrais para desenvolver os traços das pessoas. Uma delas é a autoinstrução, que tem como propósito ensinar ao indivíduo o controle de seus próprios comportamentos. Para isso, utiliza condutas repetitivas que lhe orientam em relação à forma como determinadas atividades devem ser realizadas.

Outra metodologia consiste na intervenção intensiva que, por meio do ensinamento de modelos de comportamento, capacita o indivíduo a conquistar sua independência e agir sozinho.

Fonoaudiologia

Entre os marcos do desenvolvimento infantil, a aquisição da fala e a evolução da linguagem são alguns dos principais. Por esta razão, um dos primeiros sinais percebidos pelos pais e responsáveis por indivíduos com TEA é o atraso nesse processo de aprendizagem. Esse sintoma isolado não é o suficiente para o diagnóstico, mas revela uma das características mais recorrentes dos autistas. Por isso, o acompanhamento de um fonoaudiólogo é essencial.

As crianças dentro do espectro costumam demonstrar limitações nas ações comunicativas intencionais, tanto verbais quanto não verbais, e dificuldades quanto à receptividade social. A falta de habilidades para lidar com as emoções — com choros e birras constantes

— e a resistência a mudanças também são comportamentos recorrentes. Isso acontece porque é a partir da linguagem e da comunicação que o pequeno começa a se expressar, demonstrar seus sentimentos, compreender o que as pessoas com as quais convive sentem e esperam, sem contar o entendimento acerca das regras e comportamentos. Quando há uma falha na aquisição de tais capacidades, diversos elementos da vida cotidiana são afetados.

Apoiados nos contatos e pareceres preliminares, os fonoaudiólogos podem indicar os caminhos mais adequados de tratamento. As estratégias englobam o treino do comportamento imitativo, tanto para gestos quanto para sons e palavras. Dessa maneira, quando os adultos falam e se comportam em cada contexto, a criança poderá aprender por meio da reprodução daquilo que ela percebe.

As dinâmicas de um diálogo, como fala em turnos (cada um na sua vez), contato visual, articulação e motricidade oral, são aspectos incluídos em atividades lúdicas nas sessões. O trabalho do especialista ajudará a desenvolver a linguagem, a organizar a imagem simbólica do mundo, a atribuir significados, a produzir palavras e a interagir no ambiente social.

Terapia ocupacional (TO)

O objetivo dessa abordagem é oferecer os mecanismos necessários para que o indivíduo autista seja cada vez mais independente e funcional. As atividades buscam desenvolver capacidades necessárias à vida cotidiana, como escovar os dentes e colocar os sapatos, para haver o incentivo da autonomia. A TO considera desde aspectos motores, sensoriais e cognitivos até sociais e emocionais, por isso é uma das medidas mais procuradas para crianças e adultos com TEA.

Musicoterapia

As canções são aliadas do desenvolvimento do autista. Por meio das músicas, os sentimentos são estimulados; a linguagem verbal e não verbal, trabalhadas; e a criatividade, facilitada. A inserção de sons por meio das melodias também tem a capacidade de transformar uma atividade terapêutica em um momento lúdico, de descontração e divertimento. Os benefícios são diversos e, como em qualquer outro método, deve-se estar sempre atento às necessidades da criança. Aquelas que possuem hipersensibilidade auditiva, por exemplo, exigem cuidado redobrado. Vale lembrar que se trata de um exercício que é possível, de forma mais simples, ser trabalhado em casa, onde diferentes tipos de sons podem ser acrescentados aos poucos.

Atividades artísticas

Desenhar, interpretar e pintar são exercícios que promovem efeitos positivos na evolução de qualquer criança, por isso, para autistas, os benefícios também são notáveis. Além de estimularem e auxiliarem funções motoras (como segurar e firmar um lápis, por exemplo), despertam a criatividade e ajudam a exteriorizar pensamentos e sentimentos.

Exercícios físicos

Educadores físicos e psicomotricistas — profissionais cujo trabalho é focado em movimentação como expressão psicológica ou similar — que sejam especializados em autismo são os profissionais mais capacitados para acompanhar a realização de exercícios físicos entre os autistas e, com isso, os que podem atingir melhores resultados.

Fortalecimento da musculatura e das habilidades motoras, aumento do equilíbrio, sensação de bem-estar e prevenção de doenças são benefícios comuns a todos os indivíduos que praticam atividades físicas. Para os autistas, existem aspectos ainda mais significativos, como trabalhar a socialização. Entre as modalidades disponíveis, a natação terapêutica é uma das mais consagradas por oferecer um ambiente acolhedor, facilitar o contato com outras crianças e promover autoconfiança. Já os esportes coletivos oferecem resultados positivos como: interação social, espírito de equipe, coordenação motora, fortalecimento do organismo como um todo e gasto de energia.

Outras opções válidas são as artes marciais. Capoeira, judô, muay thai e karatê são os mais procurados como complemento às terapias do autismo, uma vez que essas lutas favorecem a conexão entre corpo e mente e, consequentemente, a consciência do próprio organismo.

As modalidades também ajudam a favorecer a disciplina, a concentração, a percepção do outro e o ritmo, quando se utiliza o recurso musical.

Fisioterapia

O atraso no desenvolvimento motor é uma das características do TEA que surge muito cedo na vida do bebê. Essa disfunção afeta a capacidade de coordenar e controlar os movimentos, altera o tônus muscular e, até mesmo, interfere no equilíbrio, dificultando marcos como engatinhar e caminhar. Para evitar consequências futuras, a fisioterapia é indicada desde o início das manifestações dos sintomas, ainda na primeira infância, a fim de estimular força, resistência e consciência corporal.

Quem vê um bebê andar sem apoios aos doze meses, em média, não imagina a carga de treinos, testes, observações e imitações dos movimentos dos adultos que antecederam os 11 meses de vida da criança. Para conseguir realizar o feito, o pequeno precisa preencher alguns requisitos, como ter força muscular para vencer a gravidade, estabilidade na cintura, escápula e pélvis, coordenação entre diferentes partes do corpo, bem como a percepção do espaço à sua volta.

Contudo, esse cenário é prejudicado quando há dificuldades de atenção e percepção, transtornos sensoriais, alterações nas etapas de planejamento, interesses reduzidos e específicos, comprometimento na compreensão do funcionamento do organismo e da relação com o ambiente.

Por isso, o ideal é que a criança com autismo seja estimulada desde cedo para assegurar menores consequências durante o crescimento e mais autonomia na fase adulta.

O fisioterapeuta é o especialista capaz de definir os exercícios focados no desenvolvimento das funções físicas dos pacientes. Dentre as técnicas adotadas, o método Bobath, criado pela fisioterapeuta alemã Berta Bobath e seu marido, o ortopedista alemão Karel Bobath, em 1940, era inicialmente direcionado ao tratamento de pacientes vítimas de acidente vascular cerebral (AVC) e crianças com paralisia cerebral.

A técnica consiste em uma reabilitação neuromuscular a fim de melhorar as limitações funcionais e sociais do indivíduo. Com o tempo, a prática foi se ramificando para outros distúrbios, como o TEA. A ideia do procedimento é analisar o indivíduo e ressaltar seus aspectos positivos; com isso, busca-se melhorar os sistemas e componentes mais prejudicados.

Terapia assistida por animais (TAA)

Nesse tipo de abordagem, o foco é a interação social. Cães, gatos, cavalos e passarinhos são exemplos de bichos que podem atuar como agentes terapêuticos — vai depender do temperamento de cada bicho e da necessidade dos pacientes. Além da criação do vínculo emocional, o animal pode ser facilitador de atividades e da comunicação.

5

ORIENTAÇÕES PROFISSIONAIS

Receber a confirmação de qualquer doença, síndrome ou transtorno que perdurará por toda a vida de um indivíduo é impactante para qualquer pessoa. Com o autismo, não é diferente. A culpa e insegurança podem tomar conta dos pais, e é muito comum vê-los impactados com o recebimento do diagnóstico do filho. Nessa fase, os cuidadores passam por uma espécie de luto, já que suas ideias e expectativas não se concretizarão da forma como imaginaram inicialmente.

Assim, acabam se deparando com uma realidade com a qual, muitas vezes, não sabem como lidar. Surge então a negação, um momento em que os cuidadores se recusam a acreditar no médico e passam a procurar outros especialistas a fim de confirmar o prognóstico. Contudo, esse estágio pode ser perigoso para a criança, já que existem famílias que tentam esconder o transtorno, deixando de encaminhar o pequeno para terapias ou não estimulando suas habilidades em casa.

Cada pessoa reage de uma forma diferente. Há também os diversos casos em que o diagnóstico é tratado como uma resposta para as suspeitas levantadas desde o surgimento dos primeiros sintomas, podendo dar um nome para o comportamento peculiar do filho. Assim, após o comunicado do profissional, o tratamento e as terapias podem ser realizados de forma adequada e direcionada.

Superando o choque

O primeiro passo para vencer a insegurança é buscar informações para entender que o TEA não se encaixa nos estereótipos disseminados pela sociedade. Dessa forma, o pequeno pode se desenvolver cada vez mais desde que os cuidados necessários sejam tomados.

Depois de receber a notícia, é fundamental aproveitar as consultas para tirar todas as dúvidas, acalmar as aflições e dar início ao tratamento, uma vez que o prognóstico precoce ajuda na boa funcionalidade cognitiva e motora da criança.

Revistas, livros, sites e materiais especializados podem ser o contato inicial com o universo autista, mas o ideal, segundo a psicologia, é buscar apoio e informação junto aos médicos, terapeutas e fonoaudiólogos, já que estes profissionais são os mais competentes para esclarecer as questões e orientar os cuidadores. Grupos de responsáveis de crianças com o transtorno são opções também capazes de oferecer auxílio, bem como atuar como um espaço de compartilhamento de fatos, dificuldades e experiências.

A descoberta de novas necessidades e de um mundo antes desconhecido exige, muitas vezes, que o ambiente doméstico e a forma de viver dos membros da família sejam alterados. Por isso, o acompanhamento psicológico para cuidadores, irmão e outros parentes diretamente envolvidos na rotina pode ser essencial para o novo momento.

Lar saudável

Levar o filho para a terapia ocupacional, psicólogo, fonoaudiólogo, pediatra e outros espaços é imprescindível para seu desenvolvimento cognitivo e social. Contudo, criar um ambiente doméstico favorável em que os familiares entendam e saibam lidar com o transtorno, bem como ter a casa adaptada às necessidades do indivíduo com autismo, é essencial.

Para isso, é importante adotar uma série de estratégias e práticas: estabelecer uma rotina; evitar mudanças repentinas; possibilitar brincadeiras de interesse da criança; estimular independência e autonomia, criando circunstâncias que facilitem o auxílio da criança em atividades rotineiras; valorizar as evoluções e reforçá-las positivamente; ajudar o indivíduo a identificar e lidar com suas emoções.

A família é considerada a primeira relação social, uma vez que é ela quem apresenta o mundo ao pequeno. Por isso, trata-se de um local de socialização que influencia todo o seu desenvolvimento. Os pais são os primeiros responsáveis pela criança e os líderes desse processo de tratamentos. São os cuidadores que escolhem os especialistas e a escola, assumindo o papel de intermediários de cada instância da vida do filho.

Atividades em casa

Existem diversas estratégias de simples execução para serem feitas com os familiares e pessoas próximas, uma vez que o trabalho iniciado na terapia deve ter continuidade em casa. Os consultórios e profissionais oferecem apoio e direcionamentos, mas a criança tem contato direto com a família e outros meios diariamente. Um ambiente composto de pessoas informadas e preparadas faz muita diferença para o bem-estar e evolução dos pequenos.

Crianças com dificuldade na interação social não devem ser deixadas sozinhas, ou seja, os pais devem brincar junto, sempre ajudando com pequenos estímulos. A questão da falta de compreensão de ideias abstratas pode prejudicar a linguagem, uma vez que há uma falha no entendimento da ligação das palavras com seus significados e com os objetos aos quais se referem. Assim, ao segurar um carro de brinquedo, por exemplo, é importante dizer que se trata de um carro.

Com um boneco, apontar e nomear cada parte do corpo — se necessário, colar etiquetas com o nome de cada lugar — estabelecendo, ainda, a relação com os membros da própria criança; desenhar o boneco e escrever ao lado a palavra ajudará a entender as três dimensões interligadas: o boneco objeto, o desenho do boneco e a palavra "boneco" escrita e falada.

Uma atividade fácil de ser feita pode ajudar nesse aspecto: escolher objetos simples (tampas de canetas, recortes de figuras geométricas ou bexigas podem servir) e estabelecer critérios de agrupamento, como cor, formato ou tamanho. Explorar o lado tátil dos instrumentos também é uma forma de prender a atenção e demonstrar diferentes texturas — sempre dizendo o que pretende, como "vamos passar a mão nesse pedaço de papel para sentir como é lisinho".

O ideal é que a complexidade do exercício seja gradual. No caso do agrupamento, começar com a separação de bexigas vermelhas e azuis, por exemplo. Depois, acrescentar mais cores e, posteriormente, dividir entre azuis grandes e pequenas, vermelhas grandes e pequenas etc.

Cuidados à mesa

Após os seis meses de vida do bebê, período até o qual o leite materno é recomendado como alimento exclusivo, começa a fase da introdução alimentar — um grande desafio para pais, mães e responsáveis. É sabido que o paladar de um indivíduo é formado desde a gestação, mas sua consolidação se dá justamente na infância. E essa é a importância da inserção dos mais diversos sabores, texturas, cores e aromas para que o cardápio seja, desde cedo, equilibrado e atenda às demandas nutricionais do organismo. No entanto, o que fazer quando a seletividade alimentar, comum em autistas, entra em cena?

Choros, gritos, agressividade e indisciplina podem não ser apenas demonstrações de rebeldia quando o assunto é comida. Tais comportamentos representam sinais de que o indivíduo com o TEA possui algum tipo de seletividade alimentar, ou seja, rejeita alimentos por limitações individuais — com motivos ainda sem esclarecimento científico completo.

Essa sensibilidade pode se manifestar de diversas maneiras: recusa por conta de temperatura (comer alimentos apenas quentes ou apenas frios), cor (deixar de lado produtos verdes, por exemplo), textura (não consumir opções cremosas, moles ou crocantes) ou sabores (azedo, amargo, salgado ou doce); ou até mesmo formas de preparo ou grupos alimentares. A restrição pode gerar sérias consequências por conta da falta de nutrientes, por isso procurar um especialista (nutrólogo ou nutricionista) é a melhor alternativa.

A primeira medida é descartar as causas fisiológicas, como alergias, refluxo ou doenças intestinais inflamatórias. Posteriormente, eliminadas as possibilidades orgânicas, a investigação deve buscar entender de que forma a dificuldade afeta a criança. Muitas vezes, a questão sensorial é a responsável pela resistência a opções diferentes, e a abordagem errada na inserção de novos alimentos pode causar traumas, fobias, vômitos e engasgos. Nesse ponto, para indicar as melhores estratégias de intervenção, entra a orientação de especialistas.

Além do nutricionista ou nutrólogo, a equipe multidisciplinar que acompanha a criança pode — e deve — ser envolvida no andamento do tratamento. Mas outra participação, especialmente nesses casos, é fundamental: a dos pais e cuidadores. Isso porque é necessário que os responsáveis tenham consciência das estratégias utilizadas para a continuidade cotidiana.

A montagem de uma rotina regrada para os momentos da refeição pode ser um plano favorável, uma vez que autistas normalmente precisam desse estabelecimento para se "sentirem organizados". Além disso, os pais podem se frustrar a cada tentativa fracassada, e o apoio de uma equipe que auxilie nesses momentos e busque alternativas válidas pode ser o suporte de que a família necessita. É importante ressaltar que cada indivíduo apresenta um tipo de limitação por motivos distintos. Por isso, o plano alimentar deve ser personalizado.

Substâncias especiais

Nesse sentido, existe uma grande polêmica a respeito da presença de determinadas substâncias no cardápio de indivíduos com TEA. É o caso da caseína (proteína comumente encontrada no leite), do glúten (mistura de proteínas que se encontra naturalmente em certos grãos) e da soja. Os argumentos favoráveis a tal restrição defendem que alimentos com tais propriedades são prejudiciais por conta de uma falha de metabolização em pessoas com TEA.

A dieta Sem Glúten e Sem Caseína (SGSC) tem apresentado resultados bastante positivos em relação ao sistema gastrointestinal e neurológico de indivíduos autistas. No entanto, isso não significa que os efeitos benéficos se aplicam a todos. A avaliação de um especialista e de exames específicos pode sanar essa dúvida e determinar a presença ou não de tais nutrientes no cardápio.

Ao mesmo tempo que alimentos prejudiciais são investigados, um estudo de revisão publicado na revista acadêmica *European Child & Adolescent Psychiatry* avaliou a relação entre o teor de ômega-3 DHA (ácido docosahexaenóico) nas células e quadros neuropsiquiátricos em crianças. A conclusão da pesquisa apontou que pacientes com autismo e transtorno do déficit de atenção com hiperatividade (TDAH) apresentaram menor nível de DHA no sangue em comparação aos grupos de controle.

Dessa forma, segundo o levantamento, o aumento do ácido graxo está relacionado com a redução dos sintomas desses transtornos cerebrais, como melhora da atenção e do desempenho psicossocial, além da diminuição da atividade motora excessiva e da agressividade.

Nesse mesmo sentido, outro estudo publicado no *International Review of Psychiatry Journal* reforça o consumo de ômega-3 como fator condicionante na diminuição de comportamentos agressivos e impulsivos entre crianças.

Atenção a cada hábito

Com o tempo, as necessidades específicas da criança com autismo, como interação, desenvolvimento intelectual e motor, além do equilíbrio das emoções, são colocadas em primeiro plano, e (não necessariamente em todos os casos) pode ser que a saúde bucal seja negligenciada. Também pode acontecer de a criança não gostar de escovar os dentes, sentindo-se incomodada e irritada. É por esses e outros motivos que a saúde da boca de quem tem TEA tende a ser mais prejudicada em relação a de quem não tem o transtorno.

Especialistas em saúde bucal também observam uma dieta mais cariogênica em pacientes autistas e, em alguns casos, o uso de medicamentos que diminuem a salivação, resultando em um quadro de saúde bucal desfavorável.

Luta pelos direitos

Preconceito, estereótipos equivocados, falta de informação, bullying e outras dificuldades cercam o indivíduo com autismo em nossa sociedade. Atualmente, crianças nesse diagnóstico são amparadas por duas leis nacionais que visam à inclusão da pessoa com deficiência (Lei nº 13.146) e à proteção dos direitos da pessoa com Transtorno do Espectro Autista (Lei nº 12.764).

Seja com relação à proteção em ambiente escolar na infância ou em diversos outros espaços até a vida adulta, os representantes dessa luta, normalmente, são os pais. A inclusão começa em casa e deve ser garantida em todos cenários e âmbitos da vida de um autista.

CONSULTORIAS

Adriane Nascimento, *psicopedagoga do Espaço Vivacità;*

Ana Carla Vieira, *psicóloga e mestre em psicologia do desenvolvimento e aprendizagem, da Universidade Estadual Paulista (UNESP), de Bauru (SP);*

Ana Carolina Coan, *neurologista do Departamento de Neurologia Infantil da Academia Brasileira de Neurologia (ABN);*

André Soares Trindade, *educador físico, professor, presidente da Associação Mundial de Educação Especial (AMEE) – Sede Brasil, além de especialista em psicomotricidade aquática e atividade física adaptada;*

Ariane Bomgosto, *nutricionista infantil;*

Beatriz Marques de Mattos, *mestre em Psicologia do Desenvolvimento e Aprendizagem;*

Celso Goyos, *psicólogo especialista em educação especial;*

Cintia Fadini, *fonoaudióloga clínica;*

Cláudia Pocci, *terapeuta do Instituto Horsoul, em Itu (SP);*

Clay Brites, *pediatria e neuropediatria;*

Danielle Damasceno, *fonoaudióloga;*

Danilo Benette Marques, *neurocientista;*

Débora Lubke, *advogada especialista em direito da saúde;*

Ellen Moraes Senra, *psicóloga e especialista em terapia cognitivo-comportamental;*

Gabriel Coutinho, *psicólogo;*

Gabriela Viegas Stump, *psiquiatra;*

Gisele Bezerra Renzo, *fonoaudióloga do Grupo São Cristóvão Saúde;*

Giulianna Kume, *psicóloga do Centro de Excelência em Recuperação Neurológica;*

Gutemberg Carvalho V. da Silva, *coordenador do curso de Pedagogia e Letras da Universidade Anhanguera, em Valparaíso de Goiás (GO);*

Hilma Ribeiro, *psicóloga;*

Irene S. Stranieri, *psicóloga;*

Joana Portolese, *neuropsicóloga especialista em autismo;*

Kátia Semeghini Caputo, *pediatra e presidente da Associação dos Familiares e Amigos dos Portadores de Autismo de Bauru (Afapab), em Bauru (SP);*

Keiza Lianara Donadel, *psicóloga coordenadora no Programa de Autismo da APAE de Cabreúva (SP);*

Larissa Helena Zani Santos de Carvalho, *psicóloga e mestre em educação especial;*

Lidiane Silva, *psicóloga;*

Luciana Brites, *psicopedagoga especialista em educação especial na área de deficiência mental, psicopedagogia clínica e institucional e psicomotricidade, além de coordenadora Núcleo*

Abenepi e uma das fundadoras do Instituto NeuroSaber (www.neurosaber.com.br), ambos em Londrina (PR);

Maria Inês Harris, *consultora científica da empresa da área farmacêutica Biobalance;*

Mario Louzã, *psiquiatra e psicanalista, doutor em Medicina pela Universidade de Würzburg, na Alemanha;*

Mayara Campêlo, *fisioterapeuta neurofuncional;*

Mirella Benevenuto, *psicóloga no Centro Multidisciplinar Fluminense, no Rio de Janeiro (RJ);*

Patrícia Cristina Baleeiro Beltrão Braga, *bióloga idealizadora do projeto A Fada do Dente, para o estudo dos mecanismos envolvidos no autismo no Laboratório de Células-tronco, da Faculdade de Medicina Veterinária e Zootecnia da Universidade de São Paulo (USP);*

Paulo Breinis, *neuropediatra e professor de neurologia infantil na Faculdade de Medicina do ABC, em Santo André (SP);*

Renata Amável, *neuropsicóloga e pesquisadora em autismo;*

Renato Gallo, *psicólogo;*

Solange da Costa Silva, *neuropediatra;*

Talita Braga, *psiquiatra, membro da Associação Brasileira de Psiquiatria, do Neuroscience Institute (NEI) e da Associação Americana de Psiquiatria (APA);*

Terapeutas da Associação Cultural Educacional Social e Assistencial Capuava (Acesa Capuava), *em Valinhos (SP):* Aline Schiavolin Duarte, *terapeuta ocupacional;* Erika Sousa Ditscheiner Aranha, *fonoaudióloga;* Graziele Medina dos Santos, *assistente social;* Renata Lobo Catusso, *psicóloga;* Roberta Maria Marcondes Cimino, *fisioterapeuta; e* Renato Lyuiti Kinoshita, *fonoaudiólogo;*

Vanessa de Freitas Schaffel, *fonoaudióloga, psicomotricista, mediadora escolar, especialista em educação especial inclusiva e em transtornos do espectro do autismo, além de dislexia e outros transtornos de aprendizagem.*

FONTES

MORAIS, Rosa Magaly; SILVA, Rebeca Costa e. *A medicação para falta de atenção e hiperatividade funciona em pessoas com autismo?*. 2009.

APA. American Psychiatric Association. *Manual Diagnóstico e Estatístico de Transtornos Mentais:* DSM-5. Porto Alegre: Artmed, 2014.

Segunda edição (outubro/2023) · Segunda reimpressão
Papel de miolo Luxcream 70g
Tipografia Alegreya Sans, Bison e Visby
Gráfica Melting